<그리스도인이면 꼭 알아야 할 성경 지식>

레위기를 통해 본 성별과 교제

서울솔로몬학교 성경연수원

차 례

이 책에 인용된 성경 구절은 <한글킹제임스성경> 입니다.

제1과

거룩한 면류관을 쓴 대제사장과 기름부음 받은 제사장들

『아론의 머리 위에 관을 씌우고, 그 관 위 그의 전면에 금패를 붙이니 거룩한 면류관이라. **主**께서 모세에게 명령하신 그대로더라』(레 8:9).

레위기는 어떤 책인가?

레위기는 신명기와 더불어 율법을 구체적으로 기록해 놓은, 오경의 핵심이다. 레위기는 출애굽기 율법의 연장으로서, 시내 산에서 주어졌다. 이스라엘은 출애굽한 지 약 50일에 시내 산에서 율법을 받기 시작했으며, 다음 해 첫째 달 첫날에 성막이 세워졌다(출 40:17). 하나님께서는 레위기에서 경배에 관한 세부적인 명령들을 주셨다.

"역사적인 순서"로 볼 때 레위기는 출애굽기의 속편이다. 출애굽기가 "성막의 완성"으로 끝나고, 레위기는 『**주께서 모세를 부르시고 회중의 성막으로부터 그에게 말씀하시기를**』(1:1)로 시작된다. "회중의 성막"에서 모세에게 말씀하셨다는 말씀은, "레위기"가 이스라엘 백성이 "완성된 성막"에서 드릴 제사 의식에 대해 말씀하고 있음을 보여 준다. 즉 레위기에 들어 있는 율법들은 성막 설치에 관한 역사적 서술(출 25-40장) 뒤에 위치한다. 또한 레위기는 이스라엘이 시내 산에서 떠나기 전에 각 지파를 계수하는 서술(민 1-4장) 앞에 위치하기 때문에, 시간적 순서로 볼 때 레위기는 출애굽기 율법의 연장이며, 이스라엘이 시내 광야를 떠나기 전에 기록된 것이다.

■ 새롭게 깨달았거나 적용할 내용이 있다면 적어 보세요. ■

성전에서 제사를 드리게 된 레위 지파

레위 지파의 조상인 "레위"는 야곱의 딸인 디나가 히위인 하몰의 아들 세겜에 의해 더럽혀졌을 때 형제 시므온과 함께 세겜 성읍의 모든 남자를 죽이는 대살육을 저질렀다(창 34:25). 두 아들의 잔인함을 통탄해 했던 야곱은 후에 유언을 통해 그 두 아들이 이스라엘 가운데서 흩어질 것이라고 예언했다. 『**시므온과 레위는 형제 간이요 잔인한 도구가 그들의 거처 안에 있도다... 그들의 분노가 저주를 받으리니 이는 그것이 혹독함이며, 그들의 진노가 저주를 받으리니 이는 그것이 잔인함이라. 내가 그들을 야곱 가운데서 나누며, 이스라엘 가운데서 흩으리라**』(창 49:5,7). 이로써 시므온은 열두 지파 중 가장 작은 지파가 되었고(민 26:14) 신명기 33장에서 모세에 의해 주어진 복에서도 완전히 간과되었으며, 결코 참된 유업을 받지 못하고 유다 지파의 유업 안에서 유업을 받게 되었다(수 19:1-9). **"레위" 역시 아무런 유업을 받지 못했지만, "출애굽기 32:26-29"에서 레위 지파가 보인 성별과 헌신, 그리고 "민수기 25:1-18"에서 피느하스가 보인 열심으로 인해 신명기 33장에서 복의 대열에 합류할 수 있었다(신 33:8-11)**. 이처럼 복이 회복되었음에도 불구하고 레위인들은 이스라엘 전역으로 흩어졌는데(판 17:7-9; 19:1,2), 이는 "**야곱의 예언**"(창 49:7)이 정확히 성취된 것이었다. 시므온은 결코 회복된 적이 없으며, 이 지파는 모세가 신명기 33장에서 지파들의 복을 예언할 때 제외되었다.

레위 지파는 이처럼 주님을 향해 보인 "열심"으로 인해 복을 누리게 되었는데, 모세가 죽기 전에 한 예언에 따라 제사장 직분을 수행하는 지파가 되었다. 『**레위에 관해서는 그가 말하였으니, "주의 툼밈과 주의 우림이 주의 거룩한 자와 함께 있게 하소서... 그가 자기 아비와 어미에게 말하기를 "내가 그를 보지 못하였도다." 하며, 그가 자기 형제들을 인정하지 아니하며 자기의 친자식들을**

알지 아니하였나니[출애굽기 32장에서 민족적인 배교에 합류하지 않았음], 이는 그들이 주의 말씀을 준수하고 주의 언약을 지켰음이니이다. 그들이 야곱에게 주의 명령들을, 이스라엘에게 주의 율법을 가르칠 것이요, 그들이 주 앞에 향을 피우고 온전한 번제의 희생을 주의 제단 위에 드리리이다』(신 33:8-10). 레위 지파는 야곱의 저주로 인해 다른 지파들 사이에 흩어져 살게 되었지만, 과거 민족적인 배교(출 32장)에 합류하지 않고 성별한 일이 인정을 받아 거룩한 제사장의 직분을 맡게 되었다(『아버지나 어머니를 나보다 더 사랑하는 사람은 나에게 합당치 아니하고, 아들이나 딸을 나보다 더 사랑하는 사람도 나에게 합당치 아니하며 또 자기 십자가를 지지 않고 나를 따르는 자도 나에게 합당치 아니하니라.』 - 마 10:37,38). 이로써 레위 지파는 이스라엘의 성읍들에 흩어져 살면서 그곳의 백성들에게 율법을 가르쳤으며, 성막과 성전에서 지파 내에서의 계열의 순번에 따라 제사를 드리는 일을 수행했다. 침례인 요한의 아버지 사카랴에 관한 말씀이 하나의 예가 된다. 『유대왕 헤롯 때에 아비야의 계열에 사카랴라 하는 제사장이 있었는데... 그때 그가 자기 계열의 순번이 되어 하나님 앞에 제사장 직분을 수행하게 되었는데 그가 제사장 직무의 관례에 따라 주의 성전에 들어가 향을 피우는 일에 뽑혔더라』(눅 1:5,8,9).

위와 같은 레위 지파는 제사장직을 수행하는 "아론의 계열"과 제사장들을 돕는 일반 레위인들로 구분된다. 『주께서 모세에게 일러 말씀하시기를 "레위 지파를 가까이 불러내어 그들을 제사장 아론 앞에 서게 하여 그를 섬기게 하라. 그들로 회중의 성막 앞에서 자기의 책무와 온 회중의 책무를 지켜, 성막을 섬기는 일을 수행하게 하고 또 그들로 회중의 성막의 모든 기구와 이스라엘 자손의 책무를 지켜, 성막을 섬기는 일을 수행하게 하라. 너는 레위인들을 아론과 그의 아들들에게 주라. 그들은 이스라엘 자손 가운데서 그에게 전부 주어졌느니라. 너는 아론과 그의 아들들을 임명하여 제사장 직분을 행하게 하라. 외부인이 접근하면 죽일지니라." 하시니라』(민 3:5-10). 민수기 16장에서 코라를 중

심으로 일어난 "**레위인들의 반역**"은 바로 이러한 영적 체계를 대적한 것이었다. 『**모세가 또 코라에게 말하기를 "내가 너희에게 청하노니, 너희 레위의 아들들아, 들으라. 이스라엘의 하나님께서 이스라엘의 회중으로부터 너희를 성별하시어 주의 성막에서 봉사의 일을 하도록 하시고 회중 앞에 서서 그들을 섬기게 하시려고 너희를 자기에게로 가까이 불러오신 것이 너희에게는 작은 일로 보이느냐? 주께서 너와 너의 모든 형제 레위의 아들들을 가까이 데려오셨는데, 너희가 제사장 직분도 요구하느냐? 이를 위하여 너와 너의 모든 동료들이 함께 모여 주께 거역하였도다. 아론이 누구기에 너희가 그를 거역하여 불평하느냐?" 하더라**』(민 16:8-11). 주님께서는 제사장직에 부름받지 않은 자들이 영적 위계질서를 무너뜨리려 하자 땅이 입을 벌려 그들을 삼켜 버리게 하셨다(민 16:31-33).

대제사장과 제사장들의 봉헌

> 『**주**께서 모세에게 일러 말씀하시기를 "너는 아론과 그와 함께한 그의 아들들을 데리고 그 의복들과 붓는 기름과 속죄제를 위한 수송아지 한 마리와 숫양 두 마리와 누룩 없는 빵 한 광주리를 가지고, 온 회중을 회중의 성막 문에 모으라." 하시니』(8:1-3).

아론과 그 아들들의 제사장 봉헌식에 관한 명령은 모세가 "**성막의 제도**"에 관한 여러 법을 지시받았을 때 함께 받은 규례이다(출 28,29장). 그러나 "제사장 봉헌식 제사"는 성막에서의 "**제사 제도**"가 규정되기 전까지는 수행될 수 없었기 때문에 "모든 제사 제도"에 관한 규례가 지시된 후(1-7장)에야 비로소 시행될 수 있었다.

봉헌식 제사는 "제사장 봉헌"이라는 특별한 목적을 위해 시행됐던 특별 제사였다. 즉 온 회중이 회중의 성막 문에 모였을 때(8:3) 1) 먼저 세움을 입을 대제사장을 데려다가 그 몸을 씻도록 하고 2) 그 후 옷을 입히고, 허리띠를 띠우고, 겉옷을 입힌 후 그 위에 에봇을 입힌다. 3) 에봇의 정교하게 만든 허리띠를 띠워서 에봇을 그에게 묶고 흉배를 달고, 그 흉배에 우림과 툼밈을 넣고 아론의 머리 위에 관을 씌운 뒤 그 관 위 전면의 이마에 금패를 붙이는데 이는 『**거룩한 면류관**』(8:9)이라 불린다. 4) 머리에 붓는 기름을 부어 성결케 한다(8:6-12).

대제사장으로서 봉헌된 "아론"은 우리의 대제사장이신 주 예수 그리스도의 예표가 되는 인물이다. 그리스도께서는 멜키세덱의 계열에 따른 제사장이시지만, 그 제사장으로서의 직분을 아론의 모형을 따라 실행하시기 때문이다. 아론은 대제사장으로서의 예수 그리스도의 모형일 뿐, 우리 주님께서는 아론의 계열에 따라 세움받지 않으셨다. 주님께서 "멜키세덱의 계열"에 따른 "영원한" 제사장이시라는 점은 히브리서 5:10; 6:20; 7:11,15-17,21에서 설명되며, 구약의 제사장들은 "유한한" 모형에 불과하다는 점이 히브리서 9:7-15,25,26에서 설명된다.

"멜키세덱"은 대제사장으로서의 그리스도의 예표이며(창 14:17-24), "시작한 날과 생의 끝도 없는 멜키세덱의 계열에 따르셨다"(히 6:20; 7:3)는 말씀은 그리스도의 대제사장직의 "권위와 영속성"을 읽게 한다. 『**선두주자이신 예수께서도 우리를 위하여 그곳으로 들어가시어 멜키세덱의 계열**[권위]**에 따른 영원한**[영속성] **대제사장이 되셨느니라**』(히 6:20). 『**그들이 실로 많은 제사장이 된 것은 죽음으로 인하여 직무를 계속할 수 없었기 때문이나 이분은 영원히 계시기 때문에 불변의 제사장 직분을 가지셨도다**[영속성]』(히 7:23,24). 아론의 계열에 따른 제사장직은 죽음으로 인하여 단절되었지만, 의의 왕이요 화평의 왕으로서(사 11:4-9, 히 7:2)의 그리스도께서는 "시작한 날과 생의 끝도 없는 멜키세덱"

의 계열에 따른 제사장으로서(히 7:3), 그 직분이 영원토록 끝나지 않는다. 아론의 제사장직은 예수 그리스도의 제사장으로서의 "사역"을 예표할 뿐이다. [멜키세덱은 "멜렉"(왕)과 "체덱"(의)이 합쳐진 이름으로 "의의 왕"이라는 뜻이다. 또한 멜키세덱은 창세기 14:18에서 "살렘 왕" 곧 "화평의 왕"이라고 불린다. 히브리서 7:2이 이를 종합적으로 설명하고 있으며, 예수 그리스도는 바로 이 멜키세덱의 계열에 따른 대제사장이 되신 것이다. 『**아브라함도 전체의 십분의 일을 그에게 드렸으니, 그의 이름을 해석하면, 첫째로 의의 왕이요, 그 다음은 살렘 왕, 곧 화평의 왕이라**』(히 7:2). 예수 그리스도께서는 먼저 "의"를 가져오셨으며, 장차 재림하실 때 "화평"을 가져오실 것이다].

제사장 봉헌식에서 드려진 "제물"과 "피"

> 『또 그가 번제로 숫양을 가져오니 아론과 그의 아들들이 그 숫양의 머리에 안수하고 그가 그것을 잡으니 모세가 제단 주위에 그 피를 뿌리더라』(8:18,19).

제사장 봉헌식에서는 "속죄제"(8:2,14-17)와 "번제"(8:18-21)와 "화목제"(8:22-29)가 드려졌다. "속죄제"를 위해서는 수송아지 한 마리와 숫양 두 마리가 드려졌는데, 제사장들을 위해 드려졌던 "속죄제"는 제사장들 자신도 "죄인들"이었음을 보여 준다. 이 점은 구약의 제사장과 신약의 "대제사장"의 극명한 차이점을 깨닫게 한다. 『**그러한 대제사장은 우리에게 적합하니, 거룩하고 악이 없으며, 더러움이 없고 죄인들에게서 성별되시며, 하늘들보다 더 높이 되심이라. 그는 대제사장들처럼 먼저 자신의 죄들을 위하고 그 다음에는 백성들의 죄들을 위하**

여 제사드리는 일을 매일 할 필요가 없으시니, 이는 그가 자신을 제물로 드림으로 단번에 이루셨음이라. 율법은 연약한 사람들을 대제사장들로 세웠으나 율법 이후에 하신 맹세의 말씀은 아들을 세웠으니, 이분은 영원히 드려지셨느니라』(히 7:26-28).

"수송아지"는 "속죄제"를 위한 것이었으며(8:14-17), "숫양 두 마리" 중 한 마리는 "번제"로(8:18-21), 다른 한 마리는 "봉헌의 숫양"(8:22)으로서 "화목제"(8:22-29; 27절의 "흔드는 제사")로 드렸다. 제사장을 성별하는 봉헌식에서는 먼저 "속죄제"를 드려서 "죄사함"을 받고, 다음에 "번제"를 드려 "전적인 헌신"을 다짐했으며, 마지막으로 "화목제"를 드려서 하나님과 화목하게 된 점에 대해서 하나님께 찬양과 감사를 드렸다.

이 점은 신약 교회 시대에 왕 같은 "제사장"(벧전 2:9)인 우리 그리스도인들도 마찬가지인데, 예수 그리스도를 통해 "속죄를 얻은"(롬 5:11) 그리스도인들에게 요구되는 것은 "전적인 헌신"(롬 12:1,2)이며, 헌신한 뒤로는 우리의 "화목제물"(롬 3:25, 요일 2:2; 4:10)이 되신 예수 그리스도로 인해 하나님께 끊임없는 찬양과 감사를 드리는 삶을 살아야 한다. 『보라, 아버지께서 어떠한 사랑을 우리에게 주셔서 우리로 하나님의 아들들이라 불리게 하셨는가. 그러므로 세상이 우리를 알지 못하나니, 이는 세상이 그분을 알지 못했기 때문이라』(요일 3:1). 『그러므로 우리가 그분을 통해서 찬양의 제물을 하나님께 계속해서 드리자. 이것이 그의 이름에 감사하는 우리 입술의 열매니라』(히 13:15).

제사장은 봉헌식이 진행되던 7일 동안 매일 속죄제, 번제, 화목제를 드렸으나, 제사장 직무에 들어가기 전에 또다시 자신을 위해 속죄제와 번제와 화목제를 드려야 했다(9:2-4). 이처럼 구약 시대의 제사는 불완전했다. 즉 율법 아래서 짐승을 통해 드린 속죄제는 죄를 없애지 못했던 것이다. 『율법에는 다가올 선한 것들의 그림자는 있으나, 그것들의 형상 자체는 없으므로 그들이 해마다 계속해서 바치는 희생제물들로는 그곳으로 나아오는 자들을 결코 온전케 할 수 없느니라. 그랬더라면 그들이 제물 드리는 일을 그치지 아니하였겠느냐? 이는 경배드리는 자들이 단번에 정결케 되면 죄들에 대한 의식이 더 이상 없었을 것이기 때문이라. 그러나 이 희생제물들로 인하여 해마다 죄들을 다시 기억나게 하였나니 이는 황소들과 염소들의 피로는 죄들을 제거하는 것이 불가능하기 때문이라』(히 10:1-4). 즉 신약 교회 시대를 위한 예수 그리스도의 제사로 인해 단번에, 영원히 모든 제사가 완성된 것이다! 『그러나 그리스도께서는 다가올 선한 것들의 대제사장으로 오셔서, 손으로 짓지 아니한, 곧 이러한 건물이 아닌 더 크고 더 온전한 성막을 통하여 염소와 송아지의 피로 아니하고 오직 자신의 피로 한 번 성소에 들어가셔서 우리를 위하여 영원한 구속을 이루셨느니라』(히 9:11,12). 『뿐만 아니라 대제사장이 해마다 다른 것들의 피를 가지고 거룩한 곳에 들어가는 것처럼 여러 번 자신을 드리실 필요가 없으니, 그리하면 세상의 기초가 놓인 이래로 그가 여러 번 고난을 당하셨어야 될 것이지만 이제 그는 자신을 희생제물로 드려 죄를 없애시려고 세상 끝에 한 번 나타나셨느니라』(히 9:25,26).

제사장 봉헌식에서는 제사장들의 오른쪽 "**귓부리**"와 오른쪽 "**엄지 손가락**"과 오른쪽 "**엄지 발가락**"에 "**피**"를 발랐는데(8:23,24), 이는 그들의 **듣는 것(귀)**과 **행하는 것(손)**과 **움직이는 것(발)** 모두를 "**정결케**" 하여(『**율법에 따르면 거의 모든 것이 피로써 정결케 되나니**』 - 히 9:22) **하나님만을 위해 사용하도록** 하기 위함이었다.

정결케 하는 피를 "귀"와 "손"과 "발"에 발랐다는 것은 성도가 추구해야 할

"정결한 삶"이 무엇인가를 보여 준다. 참된 정결은 성도를 올바른 음악과 올바른 설교를 들을 수 있도록 인도한다("귀"). 참된 정결은 성도로 하여금 하나님의 목전에 기쁨이 되는 일들만을 행하도록(요일 3:22) 인도하며("손"), 예수 그리스도를 위한 의의 길을 걷도록 인도한다("발"). 예수 그리스도를 믿고 난 뒤로 그리스도인의 몸은 더 이상 자신의 것이 아니다. 하나님께서 값 주고 사신 그의 몸은 하나님의 것이기 때문이다(고전 6:19,20). 그리스도인의 귀와 손과 발은 물론, "눈"까지도 주님의 것이므로(잠 23:5,26), 이 모든 것을 주님 한 분께 집중시킴으로써 마음을 다하는 정결한 삶을 살아야 한다. **『네 눈을 허무한 것에 주목하려느냐?... 내 아들아, 네 마음을 내게 주며 네 눈을 나의 길들에 주목하라』**(잠 23:5,26).

봉헌식의 온전함과 속죄의 중요성

피는 또한 아론과 그의 아들들의 의복에 뿌려져서 그것들을 성결케 했다(8:30). 제사장들은 봉헌식을 마치기까지 회중의 성막 밖으로 나갈 수 없었는데(8:33-36), 봉헌식 절차가 "7일" 동안(8:33) 계속된 것은 봉헌식 자체의 "온전함"("7"은 "완전"의 수)을 나타내기 위함이었다.

모세가 주님의 명령을 따라 "제사장들의 죄를 속하는"(8:34) 동안 제사장들은 밤낮 칠 일 동안 회중의 성막 문에서 기거하며 주님의 명령을 지켜야 했다. 이를 어길 시 죽음을 면치 못했는데(8:35), 하나님께는 이처럼 "속죄"가 중요하다. "속죄"가 없다면 죽음의 심판을 피할 길이 없는 것이다. 따라서 속죄를 얻게 하신 예수 그리스도를 통하여 하나님 안에서 즐거워하는 것이 그리스도인의 삶이어야 한다(롬 5:11).

제1과
복습문제

1. (   )는 신명기와 함께 율법을 구체적으로 기록한, 오경의 핵심이다.

2. 레위 지파는 제사장직을 수행하는 "(   )의 계열"과 제사장들을 돕는 일반 레위인들로 구분된다.

3. "제사장 봉헌식 제사"는 성막에서의 "제사 제도"가 규정되기 전까지는 수행될 수 없었다. (O , X)

4. 제사장 봉헌식에서는 "(   )"와 "번제"와 "화목제"가 드려졌다

5. 제사장 봉헌식에서 제사장들의 오른쪽 "귓부리"와 오른쪽 "엄지손가락"과 오른쪽 "엄지발가락"에 "피"를 바른 것은, 그들의 (   ) 것(귀)과 (   ) 것(손)과 (   ) 것(발) 모두를 "정결케" 하여 하나님만을 위해 사용하도록 하기 위함이었다.

6. (   )가 없다면 죽음의 심판을 피할 길이 없다.

■ 새롭게 깨달았거나 적용할 내용이 있다면 적어 보세요. ■

NOTES

제2과

향기로운 냄새로 드리는 제사와 참된 예배

『그 내장과 다리들은 물에 씻어 제사장이 모두 제단 위에서 불살라 번제의 희생으로, 불로 드리는 제사가 되게 할지니 **주**께 향기로운 냄새니라』(레 1:9).

번제 (1장)

번제는 크게 두 가지 목적으로 드렸다. 먼저 속죄의 의미다. 속죄제가 따로 있기는 하지만 번제를 드림에 있어 죄와 연관이 있을 경우 번제는 속죄의 의미로 주께 드려졌다(4절). 하지만 죄와 연관이 없을 경우에 번제는 주께 향기로운 냄새를 내기 위해 자원하여 드리는 제사로(3,9,13,17절) 희생제물의 가죽을 제외한(6절) 모든 것을 드리는, 곧 자기 자신을 "<u>온전히 드리는 헌신</u>"의 의미로 드렸다.

1. 사용된 제물들

번제는 드리는 자의 능력에 따라 사용될 제물들을 각기 다르게 할 수 있었다. 우선 경제적으로 부유할 경우에는 "<u>소떼</u>"에서 제물을 드렸다(3절). 보통이면 "<u>양떼</u>"나 "<u>염소떼</u>"에서 제물을 드렸으며(10절), 가난할 경우에는 "<u>산비둘기</u>"나 "<u>집비둘기</u>"를 제물로 드렸다(14절). 제물로 사용된 동물들은 모두 "<u>흠 없이 깨끗</u>"해야만 했다(3,10절). 이는 흠 없으신 하나님의 아들을 예표하기 때문이기도 했고, 그 번제물의 머리에 안수할 때(4절) 나의 죄가 그 흠 없는 동물에게로 가고, 대신 그 동물의 흠 없음이 나에게로 오는 "<u>전가</u>"가 이루어지기 때문이기도 했다. 그렇기에 자원하는 제물로는 어떤 것이 더 달렸거나 덜 달렸거나 한 것을 드릴 수도 있었지만(레 22:23) 번제를 포함한 희생제사의 경우에 제물은 반드시 흠 없는 것이어야만 했다. 제물은 수컷만이 번제물로 드려질 수 있었다. 또한 집에서 기르는 동물을 가지고 와야 했다(2절). 집에서 가축으로 기른 동물들은 길들여져서 주인을 쉽게 따라오는데, 이는 도살장으로 끌려갔던 어린양 같으신 예수 그리스도의 모습을 예표하기 때문이다(사 53:7).

2. 제사 방법

제사의 제물이 동물일 경우 ❶ 제사를 드리는 자가 성막의 뜰로 자기가 기르던 흠 없고 정결한 동물을 데리고 간다(2,3절). 그러면 제사장은 희생제물을 가지고 온 자와 희생제물을 번제단의 오른쪽으로 데리고 간다. 번제단의 방향은 동에서 서로 향하고 있기 때문에 번제단의 오른쪽으로 각 방향은 북쪽 방향이다(11절). 그러면 ❷ 제사를 드리는 자가 자신이 가져온 희생제물 머리에 안수한다(4절). 전가의 의미를 가지고 있는 이 안수를 통해 제사를 드리는 자와 희생제물은 죄와 흠 없음을 서로 주고받는다. ❸ 이후 그 희생 제물을 가지고 온 자가, 주 앞에서 그 희생제물을 잡는다. 제물을 드리는 자가 번제물을 죽이면 제사장은 흘러나오는 피를 큰 그릇에 담는다(5절). ❹ 피를 그릇에 담은 제사장은 그 피를 번제단 위 사면에 뿌린다(5절). ❺ 제사를 드리는 자가 동물의 가죽은 벗긴 후 희생제물의 모든 연결 부위가 분리되도록 각을 뜬다(6절). 그리고 ❻ 다리와 내장은 물로 씻어서 그 전부를 번제단 위에 놓고 완전히 불사른다(7-9절). 제물의 모든 것을 태우기 때문에 이를 "**온전한 번제**"라고 불렀다(신 33:10).

제물이 새일 경우에는 ❶ 제물을 드리는 자는 그것을 제사장에게 가져가기만 하면 되었다. ❷ 제사장은 그것을 받아 머리를 비틀어 끊어서 피는 제단 곁에다 짜냈다(15절). ❸ 그 다음 날개를 찢되 완전히 나누어지지 않게 하고(17절) ❹ 모이 주머니와 깃털은 제거하여 동편 재 버리는 곳에 버린 다음(16절) ❺ 새의 몸통을 번제단 위에서 불살랐다(17절).

3. 하나님께서 받으시는 것과 제사장과 드리는 자의 몫

하나님께서는 번제를 통해 단 위에서 태워진 그 모든 것을 받으셨다. 제사장은 번제물의 가죽을 취했고(레 7:8) 드리는 자의 몫은 아무것도 없었다. 모든 것을 주께 바쳐야 했다.

4. 예표적 가르침

번제는 그리스도의 모형이다. 『**그리스도께서 우리를 사랑하시어, 우리를 위하여 자신을 하나님 앞에 향기로운 냄새를 내는 제물과 희생으로 드린 것같이, 너희도 사랑 안에서 행하라**』(엡 5:2). 우리가 그리스도를 우리의 번제물로 받아들일 때, 그가 우리를 대신하여 죽었다는 것을 고백할 수 있게 된다. 그리스도는 자신의 뜻을 버리고 아버지의 뜻에 완전히 순종한 헌신의 모형이다. 그렇기에 온전한 번제는 모든 것을 자원하는 마음으로 하나님께 온전히 내어 드리는 헌신을 의미한다. 『**그러므로 형제들아, 내가 하나님의 모든 자비하심으로 너희에게 권고하노니, 너희 몸을 하나님께서 기뻐하시는 거룩한**[흠없는] **산 제물로 드리라. 이것이 너희가 드릴 합당한 예배니라**』(롬 12:1). 하나님을 섬기기 위해, 하나님께서는 우리가 자원하여 우리 자신의 몸을 하나님께서 기뻐하시는 산 제물로 바치기를 원하신다. 우리가 드려지기 적합치 못한 상태이거나, 죽어 있을 때가 아니라, 힘차게 살아 있고 활력 있는, 즉 생명력으로 넘쳐 있는 바로 지금의 우리를 원하시고 계시는 것이다.

번제에는 개인이 자원하는 마음으로 드리는 번제 외에 온 이스라엘 회중을 위해 "**날마다**" 드리는 번제도 있었다(출 29:42). 이때 어린양 두 마리가 한 마리는 아침에, 다른 한 마리는 저녁에 드려졌다. 아침에 제사장은 평상복을 벗고 세마포 옷을 입은 후 밤새 단 위에서 탄 불을 검사하고 재를 단 곁에 치워

놓았다. 그 다음 세마포를 벗고 평상복으로 갈아 입은 후 그 재를 진영 밖의 정결한 곳으로 가져갔다. 이것을 오후에도 반복하고 날마다 반복했는데, 이것이 매일 드리는 번제였다. 이는 그리스도께서 자기의 백성을 위하여 계속해서 드리는 번제의 예표였다. 또한 성도가 자신을 한 번 드리고 마는 것이 아니라 끊임없이 드려야 한다는 사실을 의미하기도 한다. 『**또 그들 모두에게 말씀하시기를 "누구든지 나를 따라 오려거든 자기를 부인하고 날마다 자기 십자가를 지고 나를 따르라**』(눅 9:23).

음식제사(2장)

음식제사는 번제와 마찬가지로 주께 향기로운 냄새를 드리는 제사다. 음식제사는 제단 위에서 불로 드리는 제사이지만 동물의 피가 흘려지지 않는 제사로 항상 번제와 함께 드렸다(2절).

1. 사용된 제물들

음식제사에 사용된 제물은 다음의 세 가지가 있었다. ❶ 굽지 않은 고운 가루(1-3절). ❷ 구운 음식(4-11절). 구운 음식에는 화덕에 구운 것(4절), 철판에 구운 것(5,6절), 튀김판에 구운 것(7절)이 있었다. ❸ 불로 말린 푸른 이삭에서 찧은 곡식(12-16절). 음식제사에는 고운 가루와 소금과 기름은 기본적으로 들어가야 했다(1,13절). 거기에 굽지 않은 고운 가루로 드릴 때와 첫열매들의 현물로 불로 말린 푸른 이삭에서 찧은 곡식을 드릴 때에는 유향을 첨가해야 했다. 음식제사에 사용한 기름이 어떤 기름인지는 정확히 나와 있지 않지만, 올리브기름으로 추정한다. 왜냐하면 그 시대에 올리브기름은 대부분의 사람들이 음식에 사용했던 기름으로, 이 기름이 성경에는 생명의 힘을 주는 성령으로 상징되기 때문이다. 소금은 썩지 않게 하는 것으로서 부패를 막아주며, 음식을 보관하는 데 사용되었다. 유향은 나무에서 추출한 수지질의 나무진으로, 이를 말려서 두드려 얇게 만든 뒤 불에 태우면 향기로운 냄새를 발산했다. 누룩은 발효시키는 물질이기에 사용이 금지되었고, 꿀은 열에 가하면 제물에서 좋지 않은 냄새가 나기에 금지되었다(11절).

2. 제사 방법

음식제사를 드리는 사람이 "<u>음식제물</u>"을 제사장에게 가져가면, 제사장은 음식 제물 한 줌을 취하여 번제단 위의 제물 위에 던졌다.

3. 하나님께서 받으시는 것과 제사장과 드리는 자의 몫

하나님께서는 향기로운 음식제물을 받으셨고, 음식제사를 드리고 남은 것은 제사장이 먹었다(레 6:14-18). 음식제물을 가져온 사람은 그것을 먹어서는 안 되었다.

4. 예표적 가르침

음식제물은 음식을 위한 모든 곡식 가운데 가장 귀하게 여겨지는 "밀"로 된 것이어야 했다. 밀은 잡초처럼 아무데서나 자라지 않고 힘들여 일군 땅에서만

자란다. 즉 밀은 사람의 수고와 희생의 결실을 뜻한다. 하지만 밀을 낟알로 주님께 드리는 것이 아니라, 찧고 빻아서 체로 걸러 고운 가루로 드려야 했다. 음식제물을 가져온 자는 철판을 가지고 밀로 빵을 만들 준비가 되어 있어야만 했으며, 갈거나 구울 수 없는 경우에는 불로 말린 형태로 드려야 했다. 음식제사는 번제와 같이 드려져야 하는데, 번제는 드리는 자의 헌신을 의미한다. 따라서 그 뒤를 따르는, 사람의 수고의 열매인 음식제사는 우리의 몸이 하나님께 산 제물로 드려졌을 뿐 아니라, 우리의 수고의 열매도 드려져야 함을 의미한다. 이것은 단지 우리의 육체적인 수고의 열매만을 의미하지 않고, 주님의 추수밭에서 일한 영적인 수고도 의미한다.

또한 음식제사는 음식제사의 원형이신 그리스도를 아름답게 예시해 주고 있다. 빵집이 그 이름의 뜻인 "베들레헴"에서 태어나신 예수 그리스도께서는 갈보리의 맷돌에서 갈아지신 밀로서, 성령의 기름부음을 받으셨고, 소금으로 썩지 않게 되셨으며, 거룩한 생명의 유향이 뿌려진 음식제물이 되셨다. 주님께는 부패시키는 누룩이나, 좋지 않은 냄새를 나게 하는 꿀이 없었으며, 음식제물로 바쳐지실 때 생명의 빵이 되셨다. 그리고 이제 그 생명의 빵을 먹는 자에게 영생을 약속하신 것이다.

■ 새롭게 깨달았거나 적용할 내용이 있다면 적어 보세요. ■

화목제(3장)

화목제에는 "감사함으로" "서원하며" "자원하여" 드리는 세 종류의 화목제가 있다(레 7:11-21). 화목제에서는 제사 후에 제물 중 일부가 드리는 자에게 돌아갔는데, 각각의 화목제마다 돌아가는 몫을 처리해야 하는 시간이 달랐다.

감사함으로 드리는 예물의 고기는 드리는 그날 먹었다. 다음날 아침까지 남겨 두어서는 안 되었다(레 7:15). 하지만 서원하거나 자원하여 드리는 화목제의 경우에 그 예물의 고기는 그 이튿날에도 먹을 수 있었다. 하지만 삼 일째 되는 날까지 고기가 남았으면 그것은 태워야 했다. 만약 셋째 날에도 남은 고기를 먹으면 그 제사는 받아들여지지 않았으며, 제물을 가져온 자나 그것을 먹은 자는 하나님 앞에 가증한 죄를 범하게 되어 그 죄를 담당해야 했다. 또 그 고기가 어떤 불결한 것에 닿았으면 먹지 말고 불에 태워야 했다. 만약 누구라도 불결한 제물을 먹으면 그 사람은 그의 백성으로부터 끊어졌다.

제물을 바치는 자는 그 제물을 혼자 먹지 않아도 되었다. 그래서 그의 아들들과 딸들과 남종들과 여종들과 성문 안에 있는 레위인을 초대하여 그들과 함께 잔치를 열 수 있었다(신 12:5-12). 그러나 그 잔치는 다른 곳이 아닌 성막 안에서 곧 주 앞에서만 해야 했다. 이는 하나님 안에서 기뻐하라는 의미가 있다. 또한 여러 사람들이 함께 먹는다는 것에서 "나눔"의 의미도 찾을 수 있는데 이는 "성도간의 교제"를 의미하기도 한다.

1. 사용된 제물들과 제사 방법

번제와 마찬가지로 드리는 자의 처지에 따라 흠 없는 소나(1절) 양이나(6,7절) 염소를 드렸다(12절). 번제물과 다른 점은 수컷과 암컷 모두를 바칠 수 있었다는 것이다. 제물을 드리는 사람은 제물을 성막 안의 번제단으로 데리고 온다. 거기서 그가 그 제물의 머리에 안수하고 그 제물을 잡으면 제사장은 그 피를 받아 제단 위 사면에 뿌렸다. 그 다음 재물을 갈라 기름과 콩팥과 엉덩이를 제단 위에 불살랐다(4,5,9-11절). 가슴은 주 앞에서 흔드는 제사로 드렸고, 오른쪽 앞다리는 들어올리는 제사로 주님께 드렸다(레 7:30,32; 9:21).

2. 하나님께서 받으시는 것과 제사장과 드리는 자의 몫

하나님께서는 제단 위에서 태워진 모든 것을 받으셨다. 가슴 부분은 하나님 앞에서 흔든 후 대제사장과 그의 아들들에게 돌아갔으며, 오른쪽 앞다리 부분은 하나님 앞에서 위 아래로 들어올린 후 제사장에게 주어졌다. 이를 제외한 제물의 나머지 부분은 바친 자의 것이 되었다.

3. 예표적 가르침

화목제물은 화해의 제물이었다. 그러나 제사를 드리는 사람을 하나님과 화해시키기 위한 목적으로 드리는 것은 아니었다. 단지 하나님과 이미 화해되었다는 것을 감사하는 마음 가운데 보여 주는 것이었다. 구약 시대에 동물들이 화목제물로 드려졌다면, 신약 시대에 예수 그리스도께서는 우리를 하나님과 화해시키신 화목제물이시다. 예수 그리스도께서 우리의 죄들을 위해서 친히 화목제물이 되신 것이다.

『하나님께서는 그의 피를 믿는 믿음을 통하여 그를 화목제물로 세우셨으니 이는 하나님의 오래 참으심 가운데서 이전에 지은 죄들을 사하심으로 인하여 그의 의를 선포하려 하심이요』(롬 3:25). 『그는 우리의 죄들을 위한 화목제물이시니, 우리뿐만 아니라 온 세상의 죄들을 위한 것이니라』(요일 2:2). 『여기에 사랑이 있으니, 우리가 하나님을 사랑한 것이 아니요 그분이 우리를 사랑하시고 그의 아들을 우리 죄들을 위하여 화목제물로 보내신 것이라』(요일 4:10).

하나님께서는 화목제물로 드려지신 예수 그리스도, 그 제물을 만족하셨다. 죄인들에 대한 노여움을 푸시고 그 죄인과 화해하신 것이다. 그리고 하나님과 먼저 화해케 된 그리스도인들에게 이 화해의 직분을 주시면서 그리스도의 대사로 삼으시고 그리스도 대신 그들에게 지옥에 갈 수 밖에 없는 죄인들을 향해 진노의 자녀로 살며 하나님께서 발하실 그 진노를 받지 말고, 화목제물로 바쳐진 예수 그리스도를 통해 하나님과 화해할 것을 전하라고 명령하셨다. 그리스도인이라면 이 대사의 직분을 마땅히 그리고 온전히 수행해야 하는 것이다.

『그들 가운데서 우리 모두가 이전에는 우리 육신의 정욕들 가운데서 행하였으며 육신과 마음의 욕망들을 이루어 다른 자들과 마찬가지로 본래 진노의 자녀였느니라』(엡 2:3). 『모든 것이 하나님께로부터 났으며 그분께서는 예수 그리스도를 통하여 스스로 우리와 화해하셨고 화해의 직분을 우리에게 주셨으니... 그러므로 이제 우리는 그리스도를 대신한 대사들로서 하나님께서 우리를 통하여 너희를 권면하신 것같이 우리도 그리스도를 대신하여 너희에게 간구하노니 너희는 하나님과 화해하라』(고후 5:18,20).

이제 화목제물로 바쳐진 예수 그리스도께서는 우리가 또한 잔치로 먹을 수 있는 제물이 되신다. 우리는 주님 앞에서 그의 찢긴 몸과 흘린 피를 믿음으로 먹는 주의 만찬을 통해 화목제물의 원형이신 예수님께서 우리와 하나님 사이에 완전한 화목을 이루셨다는 사실을 알 수 있다. 이와 같은 예수 그리스도의 보혈로 말미암은 속죄 곧 구속 사역에 근거해 우리는 자원함으로 헌신하고 기쁨 가운데 빵을 떼며 성도간의 교제를 나눌 수 있게 된 것이다.

『내가 주께로부터 받은 것을 너희에게 전달해 주었나니 이는 주 예수께서 넘겨지시던 그 밤에 빵을 가지고 감사를 드린 후 떼어 말씀하시기를 "이것은 너희를 위하여 쪼개진 나의 몸이니 받아 먹으라. 이것을 행하여 나를 기억하라."고 하셨으며 식후에도 이와 같이 잔을 가지고 말씀하시기를 "이 잔은 나의 피로 된 새 언약이라. 이것을 행하여 너희가 마실 때마다 나를 기억하라."고 하신 것이라. 너희가 이 빵을 먹고 이 잔을 마실 때마다 주의 죽으심을 그분이 오실 때까지 선포하는 것이라』(고전 11:23-26).

■ 새롭게 깨달았거나 적용할 내용이 있다면 적어 보세요 ■

제2과
복습문제

1. 번제의 희생제물로는 약간의 흠이 허용되었다. (O , X)

2. 번제를 드릴 때 그 희생제물을 잡는 것은 제사장이었다. (O , X)

3. 번제는 제물의 모든 것을 태우기 때문에 (   )라고 불렀다(신 33:10).

4. 음식제사는 단독으로 드릴 수 있었다. (O , X)

5. 음식제사의 제물에 약간의 꿀이 허용되었다. (O , X)

6. 화목제에는 (   )으로, (   )하며, (   )하여 드리는 세 종류의 화목제가 있었다.

■ 새롭게 깨달았거나 적용할 내용이 있다면 적어 보세요. ■

NOTES

NOTES

제3과
하나님의 공의와 사랑이 만나는 제사

『자기가 지은 죄를 깨닫게 되면 그는 흠 없는 숫염소 새끼를 제물로 가져다가 그는 그 숫염소의 머리에 안수하여 그들이 주 앞 번제물을 잡는 곳에서 그것을 잡을지니 그것이 속죄제니라』(레 4:23,24).

속죄제(4장)

1. 사용된 제물들

번제, 음식 제사, 화목제는 모두 자진하여 드리는 제사였기 때문에 모두가 하나님 앞에 향기로운 냄새가 나는 제사였다. 하지만 속죄제나 속건제는 "죄" 때문에 드리는 필수적인 제사였기 때문에 향기로운 냄새가 나는 제사는 되지 못하였다. 속죄제는 제물을 드리는 대상에 따라 네 경우로 나뉘었다. 곧 ❶ 대제사장(3절), ❷ 온 회중(13절), ❸ 치리자(22절), ❹ 백성 중 개인(27절)에 해당하는 경우다.

만약 기름부음을 받은 제사장이 범죄하였으면, 그는 ❶ "**어린 수송아지**"를 제물로 가져와 그 머리에 안수하고 잡았다(4절). 만일 이스라엘 온 회중이 범죄하였으면, 회중 또한 ❷ "**어린 수송아지**"를 제물로 가져와 회중의 대표자들인 장로들이 그 머리에 안수하고 잡았다(15절). 만일 치리자가 범죄하였으면, 그는 ❸ "**숫염소 새끼**"를 제물로 가져와 그 머리에 안수하고 잡았다(24절). 만일 일반 백성 중 한 사람이 범죄하였으면, 그는 ❹ "**암염소 새끼**"나 "**어린양 암컷**"을 제물로 가져와 그 머리에 안수하고 잡았다(28,32절).

2. 제사 방법

속죄제에 사용되는 제물은 이와 같이 네 종류의 제물이 사용되었는데, 차이점은 피를 처리하는 방법과 그 제물의 몸을 나누는 것에 있다. 먼저 그 제물의 몸을 처리하는 방법을 보자. ❶ 제사장과 ❷ 온 회중의 속죄제물인 경우, 제사장은 그 가죽을 벗기고, 모든 기름과 두 콩팥과 그 위에 있는 기름과 엉덩이살은 모두 번제단 위에 불살랐다. 그리고 그 수송아지 고기의 나머지 부분과 가죽, 머리와 다리, 내장은 진영 바깥에 있는 재 버리는 곳에 가져다가 불살랐다. 그러나 ❸ 치리자나 ❹ 백성의 속죄제물인 경우, 기름은 모두 제거하여 단 위에서 불사르고 제물의 고기는 회중의 성막 뜰에서 제사장들이 삶아 먹었다. 그 고기는 거룩하게 여겨졌고, 그 피가 어떤 옷에든지 묻으면 묻은 그것을 거룩한 곳에서 빨아야 했으며, 그 고기를 질그릇에 삶았으면 그 질그릇을 깨뜨려야 했고, 놋솥에 삶았으면 그 솥을 문질러서 닦고 물에 헹구어야 했다(레 6:24-28). 피를 처리하는 방법은 다음과 같다. ❶ 제사장과 ❷ 온 회중의 속죄제물인 경우, 먼저 기름부음을 받은 제사장과 온 회중을 위해 잡은 희생의 피는 제사장이 가지고 성막에 들어가서 손가락에 "**피를 적셔 성소의 휘장 앞에 일곱 번 피를 뿌린다**". 그리고 그 다음에는 그 "**피를 성막 안 향제단 뿔**"에 발랐다. 바르고 난 나머지 "**피**"는 모두 가지고 나와 "**성막문에 있는 번제단**" 밑에 쏟았다. 그러나 ❸ 치리자나 ❹ 일반 백성 중 한 사람의 속죄제물의 피는 제사장이 손가락에 적셔 번제단 뿔에 바르고 그 나머지는 모두 제단 밑에 쏟았다.

3. 예표적 가르침

속죄제는 완전히 죄인의 입장에서 죄인 대신 죄를 짊어지신 그리스도를 예표한다. 이것은 이사야 53장, 시편 22편, 마태복음 26:28, 베드로전서 2:24; 3:18 등에서 보는 그리스도의 죽으심을 말한다. 그러나 그리스도는 "**우리를 위하여 죄로 삼으신**"(고후 5:21) 바 되셨으면서도 그분의 고유한 거룩하심은 여전히 존속되고 있다(레 6:24-30). 즉 속죄제물은 지극히 거룩하고, 제사장은 제물의 고기를 성막 뜰, 거룩한 곳에서 먹어야 하며, 고기에 닿는 것은 무엇이든지 거룩하게 된다. 속죄제물들은 속죄의 능력과 대속의 능력, 그리고 용서의 효험이 있었다(레 4:12,29,35). 따라서 우리를 위해 속죄제물이 되신 예수 그리스도 안에서 하나님께 담대히 나아갈 수 있게 되었으며(히 10:19, 엡 3:2), 하나님을 섬길 수 있게 되었다(히 9:12-14).

속죄제가 드리는 대상에 따라 네 가지로 나뉜 것은 신분에 따라 죄의 경중이 다르기 때문이며, 죄의 비중에 따라 제물도 달라지기 때문이다. 제물에 등급을 매긴 이유는, 장차 온 인류를 단번에 그리고 영원히 대속키 위해서는 더 귀하고 값진 제물이 필요하다는 사실을 계시하기 위함이었으며(히 9:13,14) 또한 가난한 자들을 위한 배려 때문이었다.

속죄제 중에서 제사장의 죄와 회중 전체의 죄에 대해서는 1년에 한번 "대속죄일"에 속죄제가 드려지기도 했다(출 30:10). 이 모습이 히브리서 9장에 잘 나타나 있다. 『**둘째 성막은 대제사장이 일 년에 한 번 혼자 들어가되 피 없이는 들어가지 아니했으니, 이 피는 자기 자신과 백성들의 잘못들을 위해서 드렸던 것이라**』(히 9:7).

제사장과 온 회중의 죄를 위한 속죄제의 경우, 눈여겨 볼 두 가지 특징이 있는데 먼저 피를 성막 안으로 가져와서 휘장 앞에서 뿌렸다는 것이다. 이것은 "**예수 그리스도의 완전한 용서**"를 보여 준다. 예수님께서 자신의 피로 한 번 성소에 들어가셔서 우리를 위하여 영원한 구속을 이루신 것이다(히 9:12). 그리고는 바로 하늘 그 자체에 들어가셔서 우리를 위하여 하나님의 면전에 지금 나타나 계신다(히 9:24). "**이 희생제사가 일 년에 한 번 있었다는 것은 이러한 단번 속죄를 예표**"한다. 다른 제사들은 수시로 드리지만 제사장의 죄와 회중 전체의 죄에 대한 속죄 제사의 효력은 1년 동안 지속되기 때문이다.

다음으로 "고기"를 진영 밖으로 옮겨 태우는 것이다. 진영 밖에서 희생제물의 가죽과 고기의 남은 부분과 똥과 같은 배설물을 태웠는데, 일종의 더러움을 처리한 것이다. 더욱이 진영 밖에는 죄인으로 예표되는 문둥병자가 거했는데(레 13:46) 진영 밖에서 십자가를 지신 예수 그리스도께서 그러한 수치를 짊어지신 것이다(히 13:11-13). 따라서 속죄제는 성읍 밖 갈보리 언덕에서 죄를 속하기 위하여 자신의 피를 흘리시고 위대한 구속을 이루신 주님을 예표한다. 아울러 십자가를 지고 따르는 성도의 헌신, 제자도를 의미한다.

속건제(5:1-6:7)

1. 사용된 제물들

속건제물은 드리는 사람의 능력에 따라 세 종류의 제물을 드릴 수 있었다. 먼저 "**어린 암양**"이나 "**암염소 새끼**"를 드릴 수 있었다. 만약 사정이 여의치 않을 경우에는 "**산비둘기 두 마리**"나 "**어린 집비둘기 두 마리**"를 드릴 수도 있었다. 두 마리를 드려야 하는 이유는 한 마리는 속죄제물로 삼고 다른 한 마리는 번제물로 삼기 위함이다. 마지막으로 "**고운 가루 십분의 일 에바**"를 드릴 수도 있었다. 속건제로 곡식을 드릴 때에는 이 제물이 속죄제물인 연고로 기름을 붓지 않고 유향도 넣지 않았다.

2. 예표적 가르침

속건제물은 죄 자체보다는 죄로 인한 피해를 겨냥한 것이다. 속죄제와 속건제의 차이점은 속죄제가 하나님께 범한 죄를 다루는 반면, 속건제는 사람이나 거룩한 물건에 대해 범한 죄를 다룬다는 데 있다. 속건제물을 드려야 할 경우는 증인이면서 진술하지 않은 경우(5:1), 맹세하고 지키지 않았을 경우(5:4-6), 불결한 것을 만졌을 경우(5:2,3), 무지함으로 주님의 거룩한 물건에 죄를 범했을 경우(5:15-19), 이웃을 속이거나 남이 잃은 물건을 찾고도 그것에 대해 거짓말한 경우(6:2-7)이다. 속건제는 다른 누구에게든지 피해를 입혔을 경우, 할 수 있는 한 필요한 모든 보상을 해 주어야 한다는 것이다.

『너희 죄들과 너희 육체의 무할례 가운데서 죽었던 너희를 하나님께서 그와 함께 살리셔서 너희의 모든 허물(trespasses)을 용서하셨으니 우리를 거스르고 우리를 대적한 손으로 쓴 법령을 지워 버리고 또 그것을 그의 십자가에 못박아 없애셨으며』(골 2:13,14). 『즉 하나님께서 그리스도 안에 계셔서 세상을 자신과 화해하게 하시며 그들의 죄과(trespasses)를 그들에게 돌리지 아니하시고 우리에게 화해의 말씀을 맡겨 주신 것이라』(고후 5:19).

그리스도인은 이러한 화해의 말씀을 맡은 사람들이다. 하나님께서 악인은 반드시 죽으리라고 말씀하셨고 또 반드시 그의 죄악 가운데서 죽을 것이지만 만약 성도가 그 악인에게 그 악한 길에서 떠나라고 경고하며 그의 생명을 구하라고 말하지 아니하면, 즉 그 악인이 지옥의 형벌에서 구원받도록 복음 전하기를 게을리한다면, 하나님께서는 복음을 전하지 않은 그 그리스도인의 손에서 그의 피를 요구할 것이라고 말씀하셨다(겔 3:20). 그러기에 그리스도의 대사로서 복음 전파의 사명을 수행하는 데 있어 절대로 게을러서는 안 될 것이다.

영적 예배의 교훈

모든 희생제사가 보여 주고 있는 진리는 영적 예배이다. 이 제사들을 통해서 영적 예배의 교훈을 얻을 수 있다.

첫 번째, "피로 드려지는 제사"들이었다. 예배의 기본은 그리스도의 보혈이다. 보혈로 구속받은 성도들이 참된 예배를 드릴 수 있다. 현대의 잘못된 예배는 피의 희생제들이 아니라 명절들을 모델로 하고 있다.

두 번째, "규례에 따른 제사"들이었다. 규례에 따른 제사라 하여 형식적인 예배를 말하는 것이 아니다(사 1:11-14, 말 1:7-10). 예배에는 질서가 있어야 한다는 것이다. 따라서 경배와는 다르게 예배에 있어서는 일정한 형식이 존재한다. 여기서 규례란 율법, 즉 넓은 의미로 말하면 "기록된 말씀"이다. 예배는 하나님의 명령이다(4:1; 6:1,19,24). 따라서 경배는 말씀에 따라 드려야 한다.

세 번째, "거룩과 성결을 강조"하고 있다(레 11:44). 모든 제물들과 제사장들은 구별되어야 했다. 이것은 영적 제사장들인 성도들의 성결한 삶을 강조한다. 이 악한 현 세상에서 구별되어야 하고 세상적 요소들은 철저히 배격되어야 한다. 독특한 백성의 모습을 세상에 드러내 보여야 하는 것이다.

네 번째, "죄에 대한 철저한 돌이킴"이 있어야 한다. 모든 제사는 기본적으로 속죄의 의미가 있다. 죄 자체에 대한 용서뿐만 아니라 죄의 보응에도 이 속죄의 의미가 적용되어야 한다는 사실을 기억해야 한다(속건제).

마지막으로 "자원하는 제사"들이었다. 이처럼 올바른 예배 또한 자원함으로 드려져야 한다. 자원하는 마음으로 드리는 번제와 음식제사와 화목제사는 하나님께 "향기로운 냄새"로 드려졌다(1:13; 2:2; 3:16; 4:31). 또한 "드리는 자"가 강조되는데, 제물에 안수한다는 것은 드리는 자와 제물의 일체성을 말한다. 모든 예배는 자발적인 헌신이어야 한다. 번제는 모든 것을 태우며, 음식제사는 곡식을 곱게 간다는 사실을 기억하자.

제3과
복습문제

1. 속죄제와 속건제의 제물도 하나님 앞에 "향기로운 냄새"가 나는 제물이었다. (O , X)

2. 대제사장과 이스라엘의 온 회중이 속죄제의 번제물로 가져와야 했던 동물은 서로 달랐다. (O , X)

3. 속죄제의 제사를 드린 자는 제사장과 함께 제물의 고기를 삶아 먹을 수 있었다. (O , X)

4. 속죄제의 피를 처리하는 방법은 모두 동일했다. (O , X)

5. 속죄제가 (   )를 다룬다면, 속건제는 죄로 인한 (   )를 다루고 있다.

■ 새롭게 깨달았거나 적용할 내용이 있다면 적어 보세요. ■

NOTES

NOTES

제4과

내가 거룩하니 너희도 거룩하라

『이는 내가 너희의 하나님이 되려고 이집트 땅에서 너희를 데리고 나온 **주**임이라. 그러므로 너희는 거룩하라. 이는 내가 거룩함이라』 (레 11:45).

거룩함이란 무엇인가

『이는 기록되기를 "내가 거룩하니, 너희도 거룩하라."고 하시기 때문이니라.』(벧전 1:16)라는 말씀이 본래 어떤 맥락에서 제시되었는지 떠올릴 수 있겠는가? 혹자는 음행, 폭력, 살인 등의 도덕적인 죄들을 언급하시면서 주님께서 "내가 거룩하니, 너희도 거룩하라."라는 명령을 주셨을 것이라고 지레짐작할지 모르겠으나, 사실 주님께서는 레위기에서 때로는 동물을 먹거나 만지는 문제를 언급하시면서(11:45), 또 때로는 안식일을 언급하시면서(19:2) 그런 말씀을 하셨다. 늘 그렇듯이 인간의 생각과 하나님의 생각 사이에는 큰 괴리가 있다(사 55:8).

"거룩함"이란 본래 "분리됨", "떼어놓음"이라는 뜻이다. 성경에서 "거룩한"(holy)이라는 표현이 처음 사용된 것은 인격적 존재조차 아니다. 하나님께서는 다름 아닌 "땅"을 말씀하시면서 처음으로 "거룩하다"고 하셨다(출 3:5). 땅도, 사람도, 짐승도, 특정일도, 물건도 하나님께서 특별한 목적을 가지고 다른 것으로부터 (도덕적 기준을 두고서든 의식적 기준을 두고서든) "분리시켜" 놓으셨다면 "거룩한" 것이 된다. 그리고 그러한 "거룩함"은 하나님께는 "아름다움"이다(대상 16:29). 설령 우리 눈에는 무의미해 보이는 분리라고 할지라도 말이다.

하나님을 사랑하는 사람이라면 이러한 "미"(美)를 볼 줄 아는 심미안을 키움이 마땅할 터다. 자, 그러므로 이제 하나님의 말씀인 성경이 무엇을 거룩하다고 말씀하셨는지를 살펴보도록 하자.

동물을 취급함에 있어 거룩하라

『이것이 짐승과 조류와 물에서 움직이는 모든 생물과 땅 위에 기어다니는 모든 생물들에 대한 법이니 불결한 것과 깨끗한 것, 먹을 수 있는 짐승과 먹을 수 없는 짐승 사이에 차별을 두는 것이라." 하시니라』(11:46,47).

이스라엘 백성들에게는 정결한 동물들만이 먹거리로서 허용되었다. 구체적으로 보자면 짐승들 중에는 굽이 갈라져서 쪽발이며 되새김질하는 종류(11:3), 물에 있는 생물들 중에는 지느러미와 비늘이 있는 종류(11:9), 조류 중에는 주로 맹금류와 박쥐 및 몇몇 새들을 제외한 모든 새들(11:13-19), 곤충들 중에는 메뚜기, 흰 머리 메뚜기, 딱정벌레, 여치 종류가(11:20-23) 허용되었다.

정결한 것이든 불결한 것이든 동물의 사체를 만지는 사람은 일시적으로 불결해졌다.(11:24,27,31,39), 특별히 땅 위로 기어다니는 것 중에서 불결한 동물들이 죽어서 무슨 물건 위에 떨어지면 물건조차도 불결해졌고, 합당한 조치를 취해야 했다(11:32-36). 이스라엘 백성들은 정결을 유지하기 위해 늘 긴장을 유지해야 했던 것이다.

사도 베드로가 이방인 코넬료에게 복음을 전해야 했을 때, 하나님께서는 환상 속에서 "땅에 있는 갖가지 네 발 짐승들과 들짐승들과 기어다니는 것들과 공중의 새들"이 있는, 네 귀를 맨 큰 보자기 같은 것을 세 번이나 보여주셨고, 그 안에 있는 것들을 잡아먹으라고 하셨다(행 10:9-16). 평생을 유대인으로 살아온 베드로로서는 그 음성이

설령 "주"로부터 온 것임을 알았을지언정 수용하기 어려웠다. 그리스도 안에서는 유대인과 이방인이 한 몸이 되고 그 구분이 사라진다는 진리는 그처럼 충격적이었던 것이다(엡 2:13-19).

우리는 본래 더러운 이방의 개들로서, 거룩한 백성들에게 주어진 복은 언감생심인 사람들이었다(마 15:26, 엡 2:12). 그러나 유대인들이 자기 백성에게 오신 메시아를 십자가에 내어줌으로 인해, 우리에게도 그러한 복에 직접 참여할 수 있는 기회가 열렸던 것이다(요 1:11,12, 롬 11:30).

우리 죄들로 인해 죽었다가 다시 살아나신 주님을 구주로 믿은 성도들은, 이제 토끼, 돼지, 장어, 조개를 먹고 때로 벌레들을 손으로 때려잡는다고 해도 혼이 더러워지지(20:25) 않는다. 우리의 몸은 이미 죽어버렸고(골 2:20-22), 혼은 이미 구원받았기 때문이다(벧전 1:9). 우리는 이미 결코 더러워질 수 없는 거룩함을 소유했기에, 누가 어떤 트집을 잡더라도 우리를 "거룩하지 않다"고 말할 수 없는 것이다(고전 1:30).

유출 문제에 있어 거룩하라

『이것은 유출병이 있는 자와 사정하여 그것으로 더럽혀진 자와 월경으로 앓는 여인과 유출병이 있는 남자와 여자, 또 불결한 여인과 동침한 자에 관한 법이니라." 하시니라』(15:32,33).

이스라엘 백성들에게는 몸에서 어떤 체액이든 나가는 현상이 발생하면 불결한 것이 되었다. 만일 그것이 생리 현상이 아닌 질병으로 인한 유출이었다면 문둥병자와 마찬가지로 진영 안에 거할 수 없었고(민 5:2), 깨끗해진다면 일곱 날을 헤아렸다가 여덟째 날에 속죄제와 번제를 드려야 했다(15:13-15,25-30). 이 대목은 성경에서 "7"은 "완전함"을, "8"은 "새로운 시작"(또는 "영원")을 의미한다는 점을 우리에게 새삼 상기케 한다(벧후 2:5 참조).

사복음서에는 십이 년간 유출병을 앓고 있던 어떤 여인에 관한 일화가 나오는데, 그 여인은 무리 속으로 들어와 뒤에서 은밀하게 예수님의 옷단을 만졌다. 그 까닭은 유출병이 있는 사람이 손을 씻지 않고 누구를 만지면 그 사람이 불결해지는 까닭이었다(15:11). 즉, 여인의 행동은 "결례"였던 것이다.

그러나 주님께서는 그녀를 꾸짖지 않으시고 "딸아, 네 믿음이 너를 낫게 하였도다. 평안히 가라. 그리고 네 병고로부터 온전해지라."라고 말씀해주셨다. 어떤 사람들은 자신의 더러운 상태 때문에 주님께 나아가는 일을 망설이곤 하지만, "만일 내가 그분의 옷만 만져도 낫게 되리라."라는 믿음으로 나아오는 사람들을 주님께서는 결코 내치지 않으신다는 사실을 기억하라. 주님께서는 "네게 깨끗해질 능력이 있느냐?"라고 물으시는 분이 아니고, "네가 낫기를 원하느냐?"라고 물으시는 분이다(요 5:6).

"피의 유출"이 반드시 동반될 수밖에 없는 출산 또한 다른 유출들과 마찬가지로 불결함을 가져오는 행위였다(12장). 산모는 남아를 출산한 경우 7일간, 여아를 출산한 경우 14일간 불결하게 되었고 각각 33일과 66일 동안 피의 정결을 계속해야 했다. 산모의 정결의 날들이 끝나면 어린양 한 마리와 비둘기 한 마리를 각각 번제물과 속죄제물로 바쳐야 했는데, 사정의 여의치 않으면 산비둘기 두 마리나 어린 집비둘기 두 마리로 대체할 수 있었다. 이 지점에서는 우리 주님께서 태어나신 집안의 형편이 엿보이기도 한다(눅 2:24).

문둥병을 다룸에 있어 거룩하라

『이것은 각종 문둥병과 옴과 의복의 문둥병과 집의 문둥병과 부스럼과 딱지와 반점에 관한 법이니 언제 불결하고 언제 깨끗한지를 가르치는 것이라. 문둥병의 법이 이러하니라." 하시니라』(14:54-57).

문둥병은 그 자체가 죄인 것은 아니었으나, 죄를 상징하는 질병이었음에 틀림없다. "문둥병"(leprosy)의 어원이 되는 "표범"(leopard)은 뼛속까지 타락해 있는 죄인을 표상하는 동물이다(렘 13:23). 문둥병은 피부, 즉 "겉"에서 발원한 질병이 아니라 "속"에 뿌리내리고 있는 질병이었는데(13:3,25,30), 우리의 죄 또한 속으로부터 나온다는 점에서 그러하다(막 7:20-23, 롬 7:18). 문둥병은 전염성이 강한 질병이었는데(13:7,8,12,22,27,36,51), 죄 또한 마찬가지다(딤후 2:16,17). 그래서 문둥병이 발현했거나 문둥병이 의심될 때에는 치료가 아니라 격리가 우선시되었는데(13:4,5,21,26,31,33,46,52,55,57, 14:34-48), 죄에 대한 대처도 그렇게 이루어져야 한다(고전 5:6-8).

문둥병자가 나아서 다시 진영으로 돌아올 때의 과정 안에는 흥미로운 예표가 하나 숨어 있다. 문둥병이 나으면 문둥병자는 먼저 제사장에게 몸을 보여서 확인을 받아야 했고(레 14:2,3), 그 다음에는 살아있는 깨끗한 새 두 마리, 백향목, 주홍색 실, 우슬초가 필요했다. 두 마리 새 중 한 마리를 흐르는 물 위 질그릇 안에서 죽임을 당해야 했고, 제사장은 남은 한 마리와 백향목, 주홍색 실, 우슬초를 그 피에 적셔 문둥병자에게 일곱 번 뿌린 후 그를 깨끗하다고 선언하고, 살아있는 새를 들판으로 놓아주어야 했다.

구약 시대를 살아가는 유대인들로서는 이 의식의 의미를 알 턱이 없었겠지만(히 10:1), 신약 교회 시대를 살아가는 우리로서는 그 의미가 무엇인지를 쉽게 추론해볼 수 있다. "깨끗한 새"는 불결한 "문둥병자"를 위해 죽는데, 여기에서는 죄인인 우리를 위해 죽어주신 죄 없으신 주님이 겹쳐 보인다(고후 5:21). 이게 다가 아니다. 살아있는 또 다른 "깨끗한 새"가 죽은 새의 피에 담가졌다가 그 피를 문둥병자에게 피를 뿌린 후 들판으로 날아올랐던 것이다. 이는 사망에 매여 있지 않으시고 부활하셔서 믿는 모든 사람들을 자신의 피로 정결케 하시는 주 예수님의 모습을 보여준다(히 9:12-14). 치유된 문둥병자가 진영으로 돌아오는 데에 필요했던 "죽은 새"와 "산 새"는 각기 주 예수 그리스도의 "죽음"과 "부활"을 그리고 있으며, 또 "치유된 문둥병자"는 주님의 피로 깨끗하게 된 우리 죄인들을 보여 주는 그림이었던 것이다(롬 4:25, 골 1:14).

『그리스도께서도 죄들로 인하여 한 번 고난을 받으사 의인으로서 불의한 자를 대신하셨으니, 이는 육신으로는 죽임을 당하셨으나 성령에 의하여 살림을 받으심으로 우리를 하나님께로 인도하려 하심이라.』(벧전 3:18)라는 말씀에 비추어 보면, "질그릇"과 "흐르는 물"의 의미가 무엇인지도 명확해진다. 질그릇은 예수님께서 입고 오셔서 십자가에서 내어주신 육신을(고후 4:7), 흐르는 물은 생명의 성령을(요 7:38) 상징하고 있는 것이다.

성과 씨에 대해 거룩하라

『그러므로 너희는 내 율례를 지켜서 너희 앞에서 행해졌던 이러한 가증한 관습 중의 어떤 것도 범하지 말아서 너희 자신들을 더럽히지 말라. 나는 **주** 너희 하나님이라.'" 하시니라』(18:30).

이스라엘 백성들에게는 근친상간, 간음, 동성 및 동물과의 성교가 금지되었다. 예외적으로 결혼한 형제가 자식 없이 죽은 경우라면, 동생은 형수를 아내로 삼아 형의 씨를 보존케 해야 했지만 말이다(신 25:5).

특별히 하나님께서는 성적 문란이 카나안 땅의 거민들의 주요 범죄였음을 강조하셨다는 점이 주목할 만하다. 이방 신들을 음란하게 섬기는 이방인들은 우상 숭배시에나 일상적으로나 문란하기 마련이었고, 이스라엘 백성들은 그들로부터의 성별을 지켜야만 그러한 죄들로 인한 치명적 결과를 피할 수 있었다(출 34:15,16, 민 25:1-3).

그러나 결과적으로 이스라엘 백성들은 그 일에 실패하고, 약속의 땅으로부터 쫓겨나고 만다(호 4:12-14, 겔 23:11-30). 우상 숭배와 성적 문란은 땅을 더럽히는 행위이며(렘 3:2,9), 하나님께서는 그것은 땅이 그 거주자를 토해내게 하는 원인이 된다고 직접적으로 말씀하셨다(18:24-30, 20:1-24). 여기에는 제아무리 그분께서 선택하신 백성이라고 해도 예외가 될 수 없었던 것이다.

하나님께서 이스라엘 백성들에게 거룩할 것을 명령하셨던 까닭은 거룩함이 하나님의 속성이기 때문이요, 그 거룩함을 다른 이방 민족들과는 구분되는 이스라엘의 정체성으로 주셨기 때문이었다. 『**너희는 내게 거룩할지니라. 이는 나, 주가 거룩하고, 또 너희를 다른 민족으로부터 갈라놓아 너희가 내 것이 되게 하였음이라**』(20:26). 그래서 이스라엘 백성들은 하나님의 말씀의 규례들을 따라 도덕적으로는 물론, 취급하는 동물, 생리 현상과 질병, 휴일과 명절에 이르기까지 모든 것이 독특해야만 했던 것이다(출 19:5, 신 14:2; 26:18).

이처럼, 하나님의 백성들은 척 봐도 티가 나야 한다. 세상 사람들과 섞어 봐도 주일에 교회에 출석한다는 것 외에는 전혀 위화감이 없는 사람은 결코 거룩한 사람이 아니다. 도덕적인 면이야 말할 것도 없고, 읽는 책, 좋아하는 음악, 역경을 맞이했을 때의 태도, 여가 시간을 보내는 법 등, 사고방식과 말과 행동에 있어서 모든 것에 세상 사람들과는 구분되는 "독특함"이 묻어 있어야 하는 것이다(딛 2:14, 벧전 2:9).

우리는 과연 거룩한가? 하나님의 본성에 동참하는 자로서(벧후 1:4). 하나님의 말씀처럼 말하고 하나님께서 공급하시는 능력으로 하는 것처럼 섬기며(벧전 4:11), 먹든지 마시든지 다 하나님의 영광을 위해서 하고(고전 10:31), 생명을 내어줄 정도로 형제들을 사랑함으로 인해서 (요 13:35) 어디서든 "티"가 나는가? 그런 성별된 모습으로 인해 세상 사람들조차도 "저 사람들은 이러이러한 믿음을 가진 사람들이군."하고 말하는가?(살전 1:9,10) 그렇지 못하다면 이스라엘 백성들이 거룩함을 잃어버렸을 때와 같은 결말을 맞지 말란 법이 없지 않겠는가? **『만일 누구든지 하나님의 성전을 더럽히면 하나님께서도 그 사람을 멸하시리라. 이는 하나님의 성전은 거룩하며 너희는 그 성전이기 때문이라』**(고전 3:17).

▪ 새롭게 깨달았거나 적용할 내용이 있다면 적어 보세요. ▪

제4과
복습문제

1. 성경에서 "거룩한"(holy)이라는 표현이 처음 사용된 것은 인격적 존재를 지칭할 때였다. (O , X)

2. 유대인들은 불결한 동물들을 먹어서는 안 되었지만, 그것을 죽여서 사체를 만진다고 해도 전혀 불결해지지 않았다. (O , X)

3. 유대인들은 유출병을 앓다가 회복되고 나면 (   )날을 헤아렸다가 (   )째 날에 속죄제와 번제를 드려야 했다.

4. 문둥병 환자로 의심되는 사람은 병이 확실히 확인되지 않았다고 하더라도 격리 조치되어야 했다. (O , X)

5. "땅을 더럽히는 죄"가 되는 실제적인 음행과 우상 숭배(영적 음행)는, 서로 연관성이 전혀 없는 별개의 범죄 행위이다. (O , X)

■ 새롭게 깨달았거나 적용할 내용이 있다면 적어 보세요. ■

NOTES

NOTES

제5과

누룩 없는 빵을 먹을지니라

『첫째 달 십사일 저녁은 **주**의 유월절이니라. 같은 달 십오일은 **주**께 무교절이니 칠 일 동안 너희는 누룩 없는 빵을 먹을지니라』(레 23:5,6).

일곱 가지 주의 명절들

레위기 23장은 일곱 가지 주의 명절들을 기록하고 있다. 주의 명절들은 이스라엘이 지켜야 할 영원한 규례이며, 동시에 예언으로서 미래 사건에 대한 모형이다. 하나님께서 주의 명절들을 제정할 당시에는 모두 미래 사건에 대한 모형이었으나, 교회 시대의 끝인 이 시대에서 바라보면, 어떤 부분은 과거에 이미 성취되었고, 어떤 부분은 앞으로 성취될 것이다. 『**이런 것들은 다가올 것들의 그림자이나 몸은 그리스도의 것이니라**』(골 2:17).

일곱 가지 주의 명절들은 크게 세 부분으로 나눌 수 있는데, 첫 부분은 유월절, 무교절, 초실절이고, 두 번째는 오순절(칠칠절)이며, 세 번째는 나팔절, 속죄일, 장막절이다.

이 가운데 가장 큰 세 명절은 유월절, 오순절, 장막절이며, 이스라엘의 모든 남자는 일 년에 세 번 이 명절들을 지키기 위해 반드시 예루살렘에 와야 했다(신 16:16). 유월절은 무교절과 초실절을 포괄하고, 오순절은 독립적이며, 장막절은 나팔절과 속죄일을 포괄한다. 처음 세 명절은 예수 그리스도의 초림과, 오순절은 교회와, 마지막 세 명절은 예수 그리스도의 재림과 관련이 있다.

주 예수 그리스도의 재림과 연관된 주의 명절들을 살펴보는 데 있어 한 가지 주목할 사실은 예수 그리스도의 재림이 두 단계로 성취된다는 점이다. 첫 번째 단계는 공중 재림, 곧 휴거이고, 두 번째 단계는 지상 재림이다.

유월절 : 그 피를 보면 너희를 지나칠 것이며

『첫째 달 십사일 저녁은 **주**의 유월절이니라』(레 23:5).

『**주**께서 이집트 땅에서 모세와 아론에게 일러 말씀하시기를 "이 달이 너희에게는 달들의 시작이 될 것이요, 그것이 너희에게는 해의 첫째 달이 되리라... 너희의 어린양은 흠 없는 일 년 된 수컷이어야 하며, 너희는 그것을 양들이나 염소들에서 골라내어서, 같은 달 십사일까지 간수하였다가, 이스라엘 회중의 전체 모임에서 저녁 때에 그것을 잡을지니라... 내가 그 피를 보면 너희를 지나칠 것이며... 이날이 너희에게 기념이 될지니, 너희는 그것을 너희 대대에 걸쳐 **주**께 명절로 지킬 것이며 너희는 그것을 영원히 율례로 삼아 명절로 지킬지니라』(출 12:1,2,5,6,13,14).

유월절은 출애굽기 12장에서 이미 하나님께서 명령하신 명절이다. 유월절은 이집트로부터 이스라엘의 자녀들이 구속되고 구출된 것을 기념하는 명절이며, 유대인들에게 달들의 시작과 국가의 탄생을 의미한다(출 12:2). 그달 10일에 흠 없는 일 년 된 어린 숫양을 가족 단위로 한 마리씩 골라내어 그달 14일까지 간직하였다가 그날 해질 무렵에 잡아 그 피를 우슬초에 적셔서 문인방과 양쪽 기둥에 뿌렸다.

그날 밤 주께서 이집트를 두루 다니시면서 사람이나 짐승이나 이집트의 첫 태생을 다 죽이실 때 문인방과 양쪽 기둥에 피가 뿌려져 있는 집은 그 피를 보시고 그 집안에 있는 모든 첫 태생의 목숨을 살려 주셨다. 어린양의 고기는 불에 구워 누룩 없는 빵과 쓴 나물과 함께 먹고 어느 것도 아침까지 남겨 두지 말아야 했다. 그리고 음식을 먹는 사람들은 허리에 띠를 두르고, 발에 신을 신고, 손에는 지팡이를 든 채 이집트를 떠나기 위해 급히 먹어야 했다(출 12:1-10).

순서	현대 유대 민간력	태양력	성경 명칭	절기
1	7월	3-4월	아빕월(출 13:4; 23:15; 34:18, 신 16:1) 니산월(느 2:1, 에 3:7)	유월절 무교절 초실절
2	8월	4-5월	시브월(왕상 6:1,37)	
3	9월	5-6월	시완월(에 8:9)	오순절 (칠칠절)
4	10월	6-7월	탐무스월	
5	11월	7-8월	아브월	
6	12월	8-9월	엘룰월(느 6:15)	
7	1월	9-10월	티스리월 에다님월(왕상 8:2)	나팔절 속죄일 장막절
8	2월	10-11월	말케스월 불월(왕상 6:38)	
9	3월	11-12월	키슬레브월	
10	4월	12-1월	테벳월	
11	5월	1-2월	스밧월(슥 1:7)	
12	6월	3-4월	아달월(스 6:15, 에 3:7,13; 8:12; 9:1,15,17,19,21)	

출애굽기에서의 유월절과 우리가 받은 구원을 비교해 보자. 당시 첫태생이 죽지 않을 수 있는 유일한 조건은 양의 피를 바르는 것이었다. 사실 이스라엘인이라고 해서 죽지 않고 이집트인이라고 해서 죽는 것은 아니었다. 이스라엘인 중에서도 피를 바르지 않으면 죽게 되고, 이집트인 중에서도 피를 바르면 죽지 않는 것이다. 죽느냐 사느냐에 대한 조건은 오직 "피"뿐이었다. 그들이 선한가, 악한가는 중요하지 않다. 이는 우리의 구원이 행위에 있지 않고 오직 "그리스도의 보혈"에 있음을 보여 주는 것이다.

또한 피가 묻어 있는 집을 멸망이 지나쳤다는 사실을 주목해 보자. 죽음이 있는 곳에는 죽음이 임하지 않는다. 그리스도인들에게는 이미 예수 그리스도의 죽음이 있다. 우리는 그리스도와 함께 죽은 자들이다(롬 6:3-5). 그러므로 진정한 의미에서 죽음은 우리에게 임하지 않는다. 우리는 단지 잠을 잘 뿐이다(살전 4:14).

무교절 : 누룩 없는 빵을 먹을지니라

『첫째 달 십사일 저녁은 **주**의 유월절이니라. 같은 달 십오일은 **주**께 무교절이니 칠 일 동안 너희는 누룩 없는 빵을 먹을지니라. 첫째 날에는 너희가 거룩한 모임을 가질 것이며, 그 날에는 어떤 육체 노동도 하지 말지니라. 그러나 너희는 칠 일 동안 **주**께 불로 드리는 제사를 드릴 것이요, 일곱째 날에는 거룩한 모임이 있으니, 그 날에는 어떤 육체 노동도 하지 말지니라.'" 하시니라』(레 23:5-8).

무교절은 유월절 바로 다음날 시작되며 칠 일간 계속되는 주의 명절이다. 양은 14일이 시작되는 저녁이 아니라 그날의 마지막 시간인 해질 무렵에 잡아 유월절이 되고 무교절은 15일이 시작되는 해가 진 뒤 즉시 시작된다. 그러므로 유월절과 무교절 사이에는 간격이 없다. 유월절이 그리스도의 죽음의 모형이라면 무교절은 성도의 생활의 모형이다. 그래서 구원과 성도의 거룩한 생활 사이에는 시간의 간격이 없이 시작된다. 무교절 기간인 칠 일간은 거듭난 이후 성도로서 살아야 할 생활의 전 과정을 가리킨다.

『칠 일간을 너희는 누룩 없는 빵을 먹을지니, 첫날부터 너희 집들에서 누룩을 제거할지니라. 이는 첫날부터 일곱째 날까지 누룩 있는 빵을 먹는 자는 누구라도 그 혼이 이스라엘에서 끊어질 것임이라』(출 12:15).

죄의 상징인 누룩

성경에서 누룩은 죄의 상징이다. 그래서 무교절은 누룩을 넣지 않은 빵으로 지켜야 했다(출 13:7). 사도 바울은 누룩이 악과 가증함을 나타낸다고 말하며, 묵은 누룩을 떼어내 버리라고 말했다. 그렇게 해야 우리가 누룩을 넣지 않은 새 반죽이 될 것이라고 역설했다. 『그러므로 묵은 누룩은 떼어내 버리라. 그래야 너희가 누룩을 넣지 않은 새 반죽이 되리라. 우리의 유월절 양이신 그리스도께서 우리를 위하여 희생되셨으므로 우리가 그 명절을 지키되 묵은 누룩이나 또 악하고 가증한 누룩으로도 말며 오직 누룩 없는 성실과 진리의 빵을 가지고 지키자』(고전 5:7,8).

누룩을 넣지 않은 빵을 먹는 명절이 주는 모형적인 가르침은 유월절 양이신 그리스도의 보혈로 말미암아 구원받은 성도는 이전에 즐겼던 세상의 누룩과 구원을 얻기 위한 종교 행위를 버리고 새로운 생활을 해 나가야 한다는 것이다.

초실절 : 첫열매들의 단을 가져올지니라

『**주**께서 모세에게 일러 말씀하시기를 "이스라엘 자손에게 고하여 그들에게 말하라. '너희는 내가 너희에게 주는 땅에 들어가서 거기서 수확을 거두면, 너희는 너희 수확의 첫열매들의 단을 제사장에게로 가져올지니라. 그러면 그가 **주** 앞에서 그 단을 너희를 위하여 받아들여지도록 흔들지니 안식일 후 다음 날에 제사장은 그것을 흔들지니라』(레 23:9-11).

유월절은 첫 달의 14일이고, 무교절은 다음 날인 15일이며, 안식일로 지켰다. 초실절은 16-22일 중 "제7일인 안식일의 다음 날"이다. 하지만 초실절은 이스라엘 자손이 카나안 땅에 들어가서 농사를 지은 후에야 지킬 수 있었기 때문에 광야 시절에는 지킬 수 없었다. 제물은 그해 수확의 첫 열매들의 단이었다. 첫 열매들의 단을 제사장에게로 가져가면 제사장은 주님 앞에서 받아들여지도록 흔들었고, 그 뒤에 번제와 음식제사와 술 붓는 제사가 따랐지만, 속죄제는 없었다. 번제는 일 년 된 흠 없는 어린 숫양을 드렸다.

예수 그리스도께서 죽으신 후 안식일 다음 날 아침에 부활하심으로써 모든 죽은 자의 부활의 "첫열매들"이 되셨다. 초실절은 바로 이 예수 그리스도의 부활의 예시이며 모형이다. "한 알의 밀"로서(요 12:24) 무덤에 묻히시고 부활하심으로써 그분께서 재림하실 때 그분께 속할 사람들의 수확의 "첫 열매들"이 되셨다(고전 15:23). 제사장은 그리스도께서 부활하신 날에도 성전의 찢어진 휘장 앞에서 "첫 곡식단"을 흔들었겠지만 그것은 무의미한 것이었다. 왜냐하면 "첫 곡식단"이 의미했던 "첫열매들"의 실체였던 예수 그리스도께서 이미 수확되어 하늘의 성전 안에서 흔들어졌다는 것을 그 찢어진 휘장이 나타내기 때문이다. 예수 그리스도께서 초실절이 예표했던 "부활"을 성취하셨기 때문에 천년 왕국에서는 초실절이 없을 것이다.

오순절 : 빵 두 덩어리를 가지고 나올지니

『너희는 일곱째 안식일 이튿날까지 오십 일을 헤아려서 **주**께 새로운 음식제사를 드릴지니라. 너희는 너희의 거처에서 십분의 이로 만든 흔드는 빵 두 덩어리를 가지고 나올지니 그 빵들은 고운 가루로 만들어 누룩을 넣어서 구울 것이며 그것들이 **주**께 드리는 첫열매들이니라』(레 23:16,17).

초실절부터 일곱째 안식일까지 49일이고 그 다음날이 오순절이다. 두 명절 사이에는 일곱 안식일이 있으므로 이날을 "칠칠절"이라고도 불렀다. 이것은 보리 수확기인 초실절에서 시작하여 밀을 거둬들임으로 끝났다. 첫날은 초실절이며 마지막 날은 오순절이었는데, 첫날과 마지막 날만이 절기로 지켜졌다.

오순절에는 음식제사를 드렸다. 이 오순절 음식제사에 사용되는 곡식은 그해 처음으로 수확한 곡식이어야 한다. 초실절에는 첫 곡식단을 흔들어야 했고, 오순절에는 낟알을 갈아 가루로 만들어 거기에 누룩을 넣어 구운 "두 덩어리"의 빵을 드려야 했다. 두 덩어리의 빵은 교회를 형성하는 두 부류의 사람인 유대인과 이방인을 의미한다. 누룩은 비록 구원은 받았다 해도 불완전한 성도의 결점과 죄를 상징한다.

오순절에는 일 년 된 흠 없는 어린 양 일곱 마리와 어린 수송아지 한 마리와 숫양 두 마리의 번제물을 음식제사와 술 붓는 제사와 함께 드렸는데, 이것은 불로 드리는 제사로서 주께 향기로운 냄새가 되었다. 또 숫염소 새끼 한 마리로 속죄제를 드렸으며, 일 년 된 어린양 두 마리를 화목제의 희생제물로 바쳤다. 초실절의 첫 곡식단처럼 빵도 흔들어서 주께 드려졌다. 곡식단이 아닌 빵은 교회의 동질성을 나타낸다. 오순절의 성취는 주님의 제자들이 성령에 의해 한 몸 안으로 침례를 받은 오순절 날에 이루어졌다(고전 12:13).

오순절과 나팔절 사이에 낀 4개월 동안에는 곡식과 포도의 수확물을 모았다. 그러므로 바쁜 이 기간에는 함께 모이지 않았다. 이 긴 기간은 성령이 교회를 이루는 구성원을 모으시는 교회 시대를 상징한다.

나팔절 : 안식일을 삼고 나팔들을 불어

『**주**께서 모세에게 일러 말씀하시기를 "이스라엘 자손에게 고하여 말하라. '일곱째 달, 그 달의 첫날에 안식일을 삼고 나팔들을 불어 기념일과 거룩한 모임을 삼을지니라. 너희는 그 날에 어떤 육체 노동도 하지 말고, **주**께 불로 드리는 제사를 드릴지니라.'" 하시니라』(레 23:23-25).

나팔절은 일곱째 달의 첫날에 지켜지는 명절이다. 나팔절은 안식일로 지켜지며, 나팔을 부는 것으로 시작된다. 이스라엘은 광야 생활을 할 때 백성들의 속죄전으로 만든 두 개의 은 나팔을 불었는데, 이 나팔들은 회중을 소집하거나 온 진영을 진행시킬 때 사용되었다(민 10:1-10).

나팔절은 오순절 후 4개월이 지나서 온다. 이 4개월의 간격이 지금의 교회 시대를 상징하며, 우리는 이 은혜가 끝날 무렵 두 가지 일이 발생하리라는 것을 알 수 있다. 먼저 교회가 휴거된다는 것과 이스라엘 사람들이 그들의 본토로 돌아가 모이게 된다는 것이다. 교회가 휴거될 때 일어날 일은 다음과 같다. **『주께서 호령과 천사장의 음성과 하나님의 나팔 소리와 함께 하늘로부터 친히 내려오시리니 그러면 그리스도 안에서 죽은 자들이 먼저 일어나고 그리고 나서 살아남아 있는 우리도 공중에서 주와 만나기 위하여 그들과 함께 구름 속으로 끌려 올라가리니, 그리하여 우리가 영원히 주와 함께 있으리라』**(살전 4:16,17).

마지막 나팔

『보라, 내가 너희에게 한 가지 신비를 말하노니 우리가 다 잠잘 것이 아니요 오히려 우리가 모두 변화될 것이니 마지막 나팔 소리에 눈깜짝하는 순간에 그러하리라. 나팔 소리가 나면 죽은 자들이 썩지 아니하는 몸으로 일으켜지며 우리도 변화되리라』(고전 15:51,52). 이 마지막 나팔은 요한계시록에 나오는 일곱 개의 나팔 중 마지막 나팔을 가리키는 것은 아니다. 왜냐하면 교회는 마지막 주가 시작되기 전에 휴거되기 때문이다. 마지막 나팔은 이스라엘이 광야에서 사용하던 두 나팔 중의 마지막 나팔로 이해해야 할 것이다. 회중을 불러 모았던 첫 나팔은 성도들을 그들의 무덤에서 불러 모으는 신호가 될 것이며, 진을 진행시켰던 두 번

째 또는 마지막 나팔은 진을 떠나기 위한 것으로 공중에서 하나님을 만나기 위해 무덤에서 일어나 성도들과 땅에 살고 있던 살아 있는 성도들이 변화되어 하늘로 올라가는 신호가 될 것이다.

마태복음 24:31을 읽어 보면 인자가 구름을 타고 능력과 큰 영광으로 오실 때 그는 큰 나팔 소리와 함께 천사들을 보내실 것이며, 천사들은 하늘의 이 끝에서 저 끝까지 그 택하신 자들인 이스라엘(교회가 아님)을 사방에서 모으는 것을 알 수 있다. 여기서 우리는 나팔절이 교회의 휴거와 그리스도의 재림 시 이스라엘을 불러 모으는 것과 관계가 있다는 것을 알 수 있다. 그래서 예수님이 유월절에 십자가에 못박히셨고, 오순절에 성령이 오셨으며, 예수님이 공중에 오시는 나팔절에 휴거가 일어나고 7년 후 역시 같은 명절에 예수님의 재림이 이루어진다는 사실을 알 수 있다. - 클라렌스 라킨 〈세대적 진리〉

속죄일 : 하나님 앞에 속죄하는 속죄일임이라

『**주**께서 모세에게 일러 말씀하시기를 "이 일곱째 달 십일은 속죄일이 되리니 너희에게 거룩한 모임이 되리라. 너희는 너희 혼들을 괴롭게 하고 **주**께 불로 드리는 제사를 드릴지니라. 그 날에 너희는 아무 일도 하지 말지니 이는 그 날이 너희를 위하여 **주** 너희 하나님 앞에 속죄하는 속죄일임이라』(레 23:26-28).

속죄일은 일곱째 달 10일이다. 이날은 해마다 이스라엘의 죄를 깨끗하게 하는 날이었으며, 이날의 의식은 레위기 16:1-34에 나타나 있다. 이날의 예표는 예수 그리스도 안에서 이미 완성되었다. 그는 우리의 대제사장으로서 자신을 위한 속죄제물을 드리는 대신 우리를 위하여 자신을 속죄제물로 드리셨다(히 9:11-14).

속죄일이 그리스도의 재림이 성취되는 나팔절과 천년왕국의 상징인 장막절 사이에 있다는 사실에는 상징적 의미가 있다. 이스라엘 민족이 자기들의 땅에 돌아왔을 때에는 민족적인 회개 없이 돌아왔으나, 『**그 날에 다윗의 집과 예루살렘의 거민들에게 죄와 불결을 씻는 샘이 열리리라.**』(슥 13:1)라는 예언대로 이스라엘을 위한 민족적인 속죄일이 있겠고, 이 속죄를 통해 그들이 회개하고 하나님께로 돌아올 것이다(슥 12:10-14). 즉 이스라엘 민족 전체가 하나님께로 돌아옴으로써 회개하고 예수 그리스도를 메시아로 받아들여 구원받을 것인데, 속죄일이 바로 이것을 나타내는 것이다. 모든 죄를 용서받은 이스라엘을 향해 성경은 『**내가 그들의 죄악을 용서할 것이며 그들의 죄를 더 이상 기억하지 아니할 것임이라. 주가 말하노라.**』(렘 31:34)라고 기록하고 있다.

장막절: 칠 일 동안 초막에서 거하되

『**주**께서 모세에게 일러 말씀하시기를 "이스라엘 자손들에게 고하여 말하라. '이 일곱째 달 십오일은 **주**께 칠 일 동안 장막절이니라... 너희는 칠 일 동안 초막에서 거하되 태어난 이스라엘인들 모두 초막에 거할지니 이는 내가 이집트 땅에서 이스라엘 자손을 데리고 나올 때 그들을 초막에서 거하게 하였음을 너희 후대로 알게 하려 함이니라. 나는 **주** 너희 하나님이라.'" 하시니』(레 23:33,34,42,43).

장막절은 일곱째 달 15일에 지켜지는 명절이며, 수확이 끝날 때 추수를 감사하는 명절로서 7일 동안 계속된다(신 16:13). 이 기간 동안 사람들은 종려나무 가지나 시냇가의 버드나무로 초막을 지어 거했다. 이것은 엘림의 종려나무와 바빌론의 버드나무를 상기시키는 것이다(시 137:1-9). 이 명절의 원래의 의미는 천년왕국 때에 이루어질 것이다. 장막절은 이스라엘이 천 년 동안 안식하는 것을 가리키고 있다.

안식일은 일주일의 일곱 번째 날이며, 육천 년의 역사가 지난 후에 "천년의 안식"이 있을 것을 나타낸다. 장막절은 이스라엘이 이집트로부터 빠져나온 것을 기념하는 것이며, 동시에 미래의 천년왕국의 안식을 기념하는 것이다. 장막절은 안식일에 시작하여 칠 일 동안 계속되며 다음 안식일로 이어진다(레 23:39). 이 "팔 일째의 안식일"은 천년왕국 이후에 펼쳐질 새 하늘과 새 땅을 가리키며, 『**때가 찬 경륜**』(엡 1:10)인 여덟 번째 시대적 경륜이 될 것이다.

일곱 가지 주의 명절들과 예표		
순서	절 기	예 표
1	유월절	예수 그리스도의 구속 사역
2	무교절	성도의 거룩한 행실
3	초실절	예수 그리스도와 구약 성도의 부활
4	오순절(칠칠절)	교회의 시작과 휴거
5	나팔절	이스라엘 민족의 본토 귀환
6	속죄일	이스라엘 민족의 회개와 구원
7	장막절	그리스도의 재림, 천년왕국, 이스라엘의 안식

제5과
복습문제

※ 다음은 〈일곱 가지 주의 명절들과 예표〉이다. 빈 칸에 적합한 명절을 적어 넣으시오.

절 기	예 표
1. __________	예수 그리스도의 구속 사역
2. __________	성도의 거룩한 행실
3. __________	예수 그리스도와 구약 성도의 부활
4. __________	교회의 시작과 휴거
5. __________	이스라엘 민족의 본토 귀환
6. __________	이스라엘 민족의 회개와 구원
7. __________	그리스도의 재림, 천년왕국, 이스라엘의 안식

■ 새롭게 깨달았거나 적용할 내용이 있다면 적어 보세요. ■

NOTES

NOTES

복습 문제 정답

제1과

1. 레위기
2. 아론
3. O
4. 속죄제
5. 듣는, 행하는, 움직이는
6. 속죄

제2과

1. X
2. X
3. 온전한 번제
4. X
5. X
6. 감사, 서원, 자원

제3과

1. X
2. X
3. X
4. X
5. 죄 자체, 피해

제4과

1. X
2. X
3. 일곱, 여덟
4. O
5. X

제5과

1. 유월절
2. 무교절
3. 초실절
4. 오순절(칠칠절)
5. 나팔절
6. 속죄일
7. 장막절

< 추 천 도 서 >

출애굽기

피터 S. 럭크만 지음 / 502쪽
20,000원(eBook 14,000원)

본 주석서를 읽고 공부하면 성경이 분명해지고 매 구절마다 설명한 성경 주석의 참 맛을 즐겁게 누릴 수 있게 된다. 출애굽기는 모든 그리스도인의 필독서이다.

히브리서

피터 S. 럭크만 지음 / 378쪽
20,000원(eBook 14,000원)

히브리서는 교회시대와 환란시대의 과도기적인 책이다. 이 책은 교회 시대에 해당되는 본문과 환란시대에 해당되는 본문을 올바로 나누어 분별할 수 있게 해 준다.

세대적 진리

클라렌스 라킨 지음
322쪽 / 32,000원

이 책은 세대주의 연구의 기초가 되는 책으로 클라렌스 라킨의 역작이며, 성경을 배우고 연구하는 모든 그리스도인들의 필독서이다.

성막

피터 S. 럭크만 지음 / 80쪽
3,000원(eBook 1,900원)

성막은 구약에 속한 부분이지만, 성막과 그 안에 속한 모든 것들은 하나의 모형으로서 우리에게 신약의 중요한 교리를 조명해 준다.

솔로몬 성경공부 시리즈

레위기를 통해 본 성별과 교제

초판1쇄 2025년 4월 11일
초판2쇄 2025년 5월 9일
지 은 이 / 편 집 부
발 행 인 / 박 승 용
발 행 처 / 말씀보존학회
출판등록 / 제409-2022-000036호
주 소 / 서울 강서우체국 사서함 제90호
전 화 / (02) 2665 - 3743
팩 스 / (02) 2665 - 3302
인 터 넷 / www.biblemaster.co.kr

값 10,000 원